L'OCÉAN AUX 100 ABÎMES

Vivez l'Aventure

TEXTE DE
JEAN-LUC BIZIEN

ILLUSTRATIONS DE
DIDIER GRAFFET

GRÜND

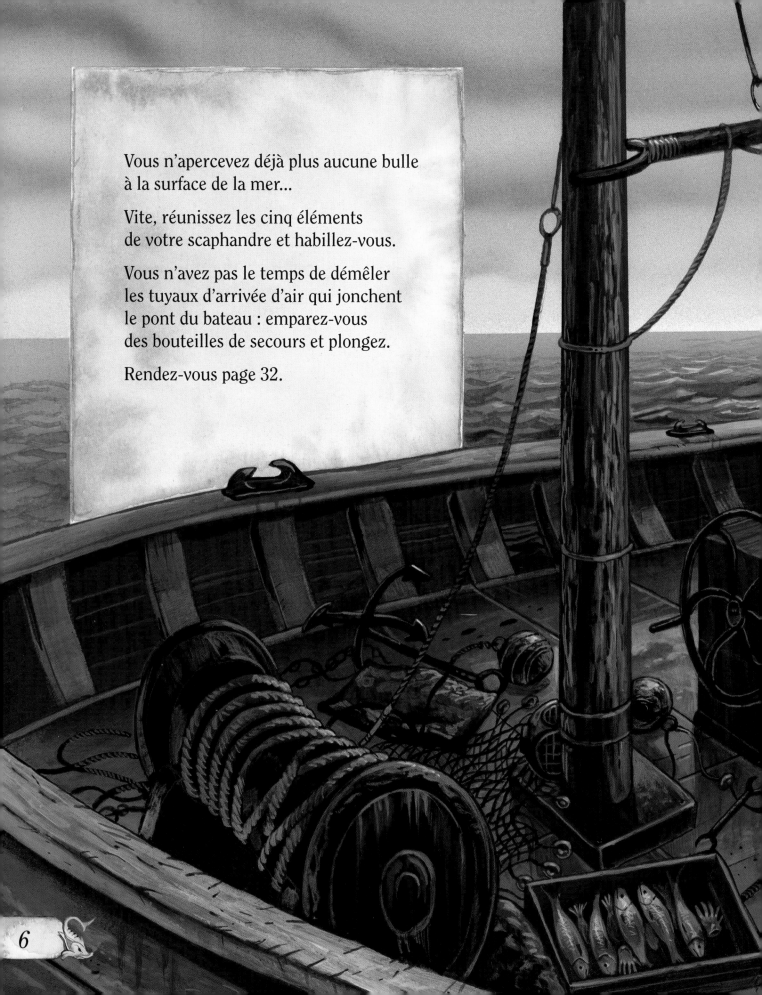

Vous n'apercevez déjà plus aucune bulle
à la surface de la mer...

Vite, réunissez les cinq éléments
de votre scaphandre et habillez-vous.

Vous n'avez pas le temps de démêler
les tuyaux d'arrivée d'air qui jonchent
le pont du bateau : emparez-vous
des bouteilles de secours et plongez.

Rendez-vous page 32.

Vous êtes encerclé par
d'impressionnantes raies mantas,
qui semblent surprises de découvrir
un enfant ici. Elles ne parlent
évidemment pas votre langue, mais
vous parvenez à vous comprendre.
Peut-être est-ce un effet du collier
de corail ?

Ces créatures géantes se font
un plaisir de vous guider à travers
les profondeurs, jusqu'à l'entrée
de leur ville.

Seule une de ces raies n'est
accompagnée d'aucun poisson-pilote.
C'est elle qui dirige le groupe.
Trouvez-la et demandez-lui
de vous transporter page 24.

À peine avez-vous échappé
aux méduses géantes qu'une araignée
de mer aux dimensions formidables
semble vous trouver à son goût !
Vous reculez, affolé, pour échapper
au monstre... et vous vous apercevez
avec horreur que d'étranges crustacés
vous convoitent également.

Trouverez-vous le moyen
de vous sortir de ce mauvais pas ?

Si c'est le cas, rendez-vous
page 14.

Sinon, retournez page 6,
et commencez une
nouvelle aventure.

Ces poissons des profondeurs sont pratiquement aveugles.
Ils utilisent leur source lumineuse pour attirer les proies jusqu'à leur gueule terrifiante. Pour vous en faire des alliés, une seule solution : aidez chaque maman à retrouver ses petits. En échange, le mâle acceptera de vous laisser prendre le diadème de Neptune. Mais l'avez-vous trouvé ?

Quand vous y serez parvenu, retournez page 30.

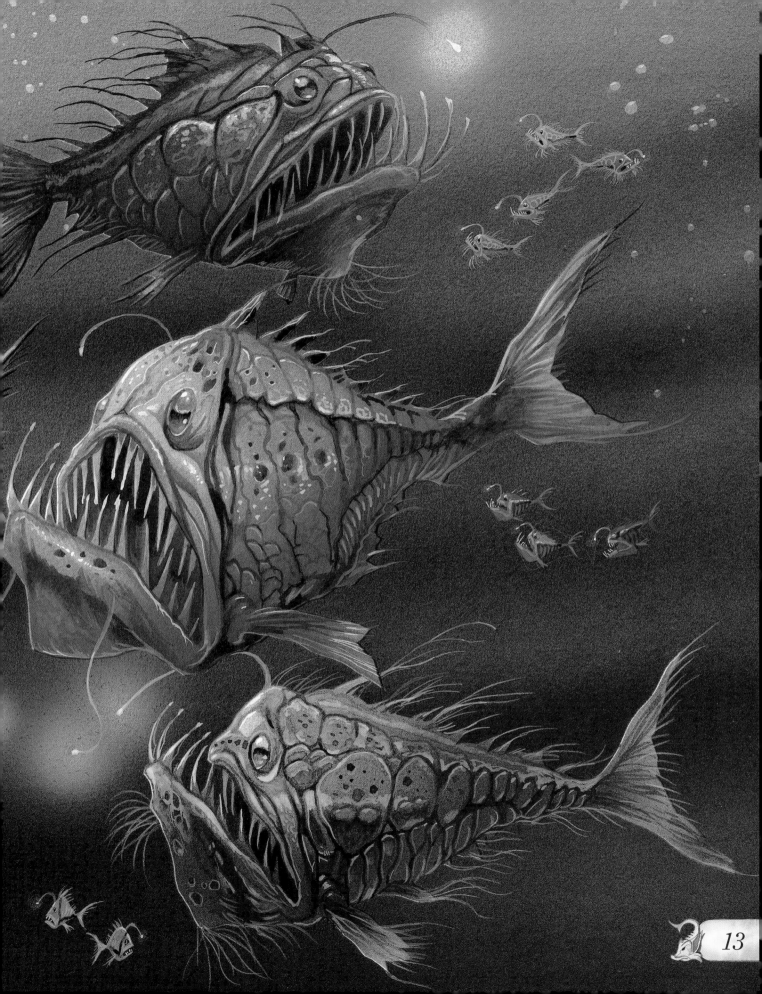

Ce dauphin est en bien
fâcheuse posture :
il est prisonnier
dans les rets d'un filet.
Vous voulez le libérer.

Trouvez-lui rapidement
un compagnon susceptible
de lui venir en aide.
Au besoin, utilisez
les pouvoirs de votre collier
magique pour vous faire
comprendre.

Quand vous aurez sorti
le dauphin de ce mauvais pas,
il vous indiquera
une direction à suivre
vers les profondeurs.

Allez alors page 8 sans plus
attendre.

Vous voici enfin devant l'épave qui enferme le médaillon de la légende ! Hélas, vous apercevez de terribles espadons qui veillent jalousement sur leur trésor. Il n'y a qu'un moyen de pénétrer dans l'épave : affrontez-les. L'hippocampe est prêt à vous aider, si vous trouvez de quoi combattre et vous défendre...

Si vous y parvenez, il vous emmènera page 28.

Dans le cas contraire, votre aventure s'achève ici : retournez page 6.

Les raies mantas n'ont pas menti : votre père est vivant !
Il vous serre tendrement dans ses bras.
«Elric, mon fils ! Tu as dû faire preuve de bien du courage
pour me retrouver !»
Puis il poursuit, répondant à vos nombreuses questions :
«Atlantis est le dernier refuge de ceux qui se sont perdus en mer...
Je ne peux plus repartir, car ceux qui y sont recueillis acceptent, pour
protéger le secret de cette cité sous-marine, d'y rester pour l'éternité.
Toi, tu es trop jeune pour cela : demande une entrevue au Seigneur
des Océans et essaie d'obtenir ta libération. Je resterai ici sans remords,
si je te sais libre !»

Vous vous restaurez en compagnie de votre père avant de rejoindre
le temple page 24. Mais attention : veillez à ne manger que les produits
de la mer ! Neuf mets étrangers à l'océan se sont glissés sur votre table.

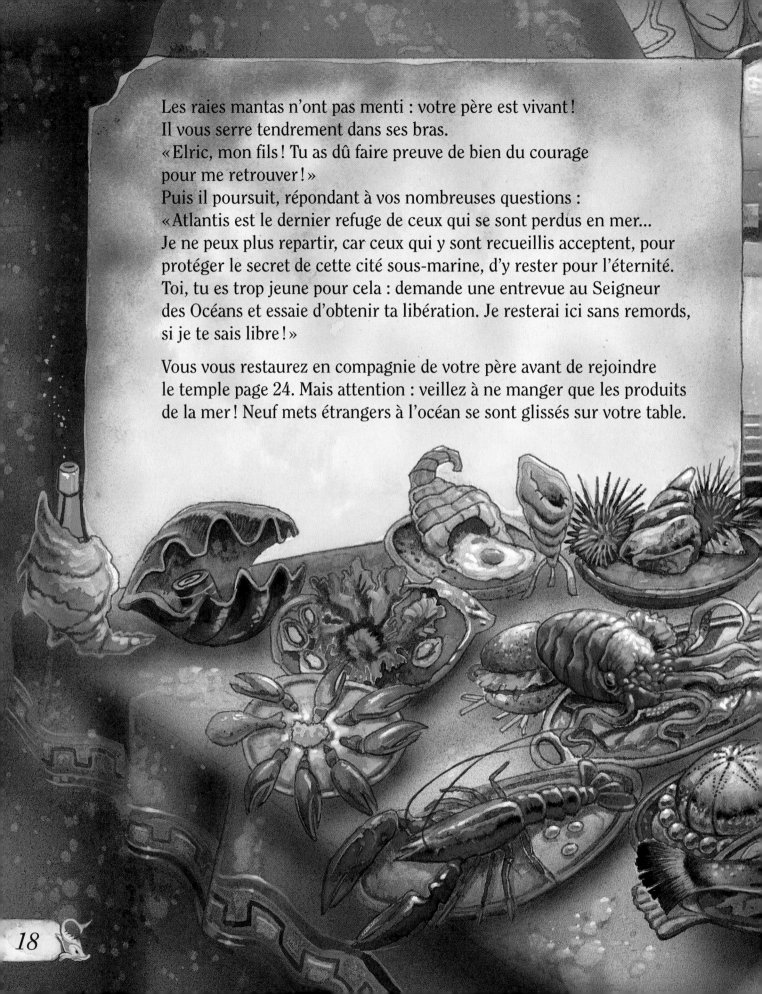

Hélas, l'air vous a vite manqué !
Un voile noir tombe devant
vos yeux.
Vous perdez connaissance
et vous vous enfoncez dans
les profondeurs.
Vous auriez dû essayer
de rencontrer les sirènes...

Tout n'est pas perdu cependant :
un allié imposant vous attend
sur le récif de corail.

Trouvez-le vite, car c'est votre
seule chance de rejoindre
la surface et de recommencer
une aventure page 6.

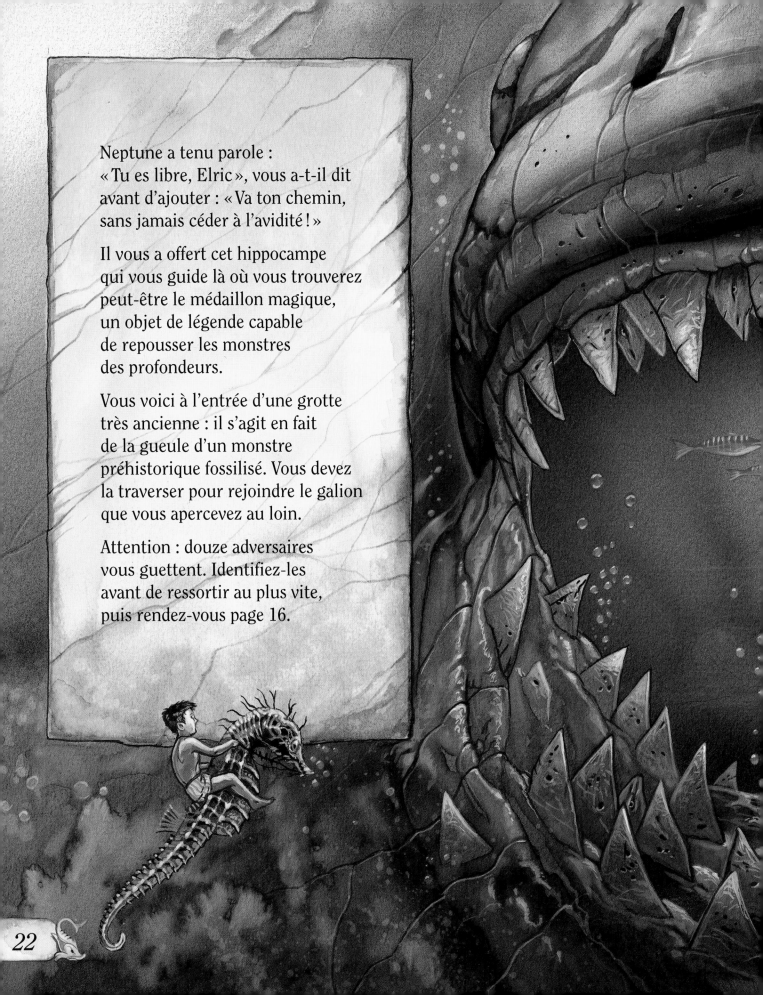

Neptune a tenu parole :
« Tu es libre, Elric », vous a-t-il dit
avant d'ajouter : « Va ton chemin,
sans jamais céder à l'avidité ! »

Il vous a offert cet hippocampe
qui vous guide là où vous trouverez
peut-être le médaillon magique,
un objet de légende capable
de repousser les monstres
des profondeurs.

Vous voici à l'entrée d'une grotte
très ancienne : il s'agit en fait
de la gueule d'un monstre
préhistorique fossilisé. Vous devez
la traverser pour rejoindre le galion
que vous apercevez au loin.

Attention : douze adversaires
vous guettent. Identifiez-les
avant de ressortir au plus vite,
puis rendez-vous page 16.

23

Vous êtes parvenu aux portes
de la cité mythique d'Atlantis !

Les raies mantas vous ont prévenu :
« Prends garde aux pièges qui
t'attendent dans les rues de la ville :
pour parvenir sans encombre
jusqu'au temple de Neptune, il te faut
suivre précisément le labyrinthe.
Observe bien les portes :
la solution y est gravée. »

Si vous vous arrêtez
ici, allez page 18.

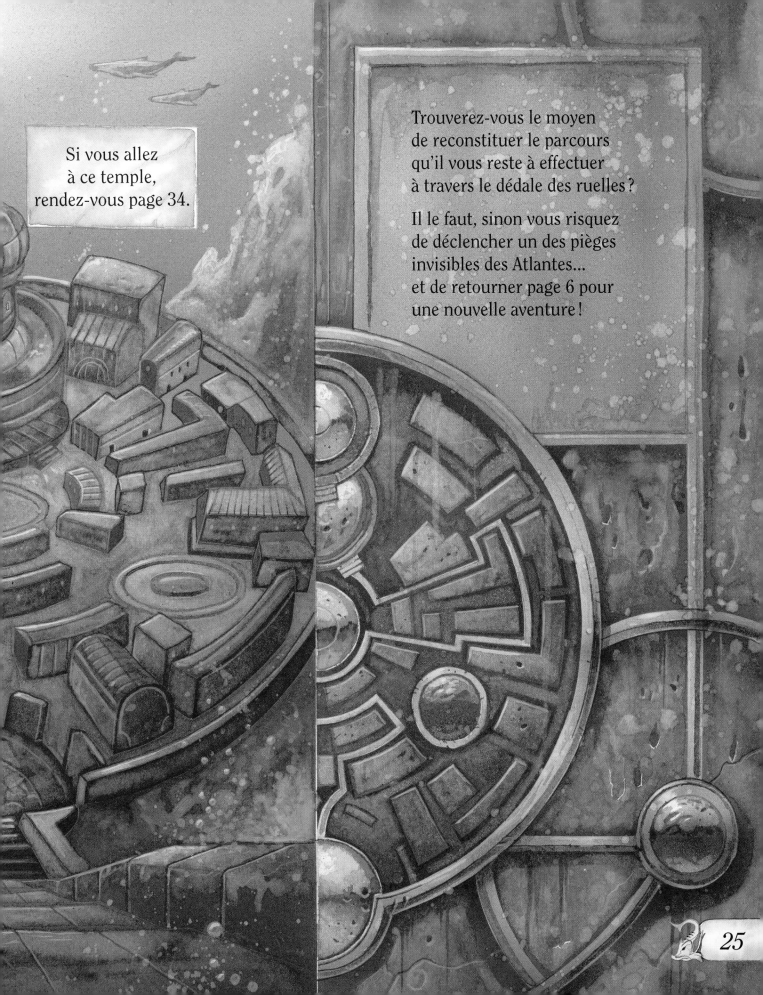

Si vous allez
à ce temple,
rendez-vous page 34.

Trouverez-vous le moyen
de reconstituer le parcours
qu'il vous reste à effectuer
à travers le dédale des ruelles ?

Il le faut, sinon vous risquez
de déclencher un des pièges
invisibles des Atlantes...
et de retourner page 6 pour
une nouvelle aventure !

Vous êtes passé sans encombre.

Retrouvez au plus vite le trident
de Neptune : son pouvoir vous
permettra de prélever cinq
perles dans les huîtres sans que
celles-ci ne se referment sur
vous.

Ensuite, retournez page 30.

Attention, certains coquillages
sont jalousement gardés :
choisissez ceux qui sont libres
d'accès.

Le médaillon de la légende
doit se trouver parmi ceux-ci !

L'heure est grave : il ne faut pas
vous tromper, car vous ne pourrez
emporter qu'un seul objet.
Prenez votre temps, et souvenez-
vous de ce que vous a dit Neptune...

Quand vous aurez effectué
votre choix, trouvez un couteau
et emparez-vous du médaillon.
Il ne vous restera plus qu'à franchir
la porte.

Allez page 38.

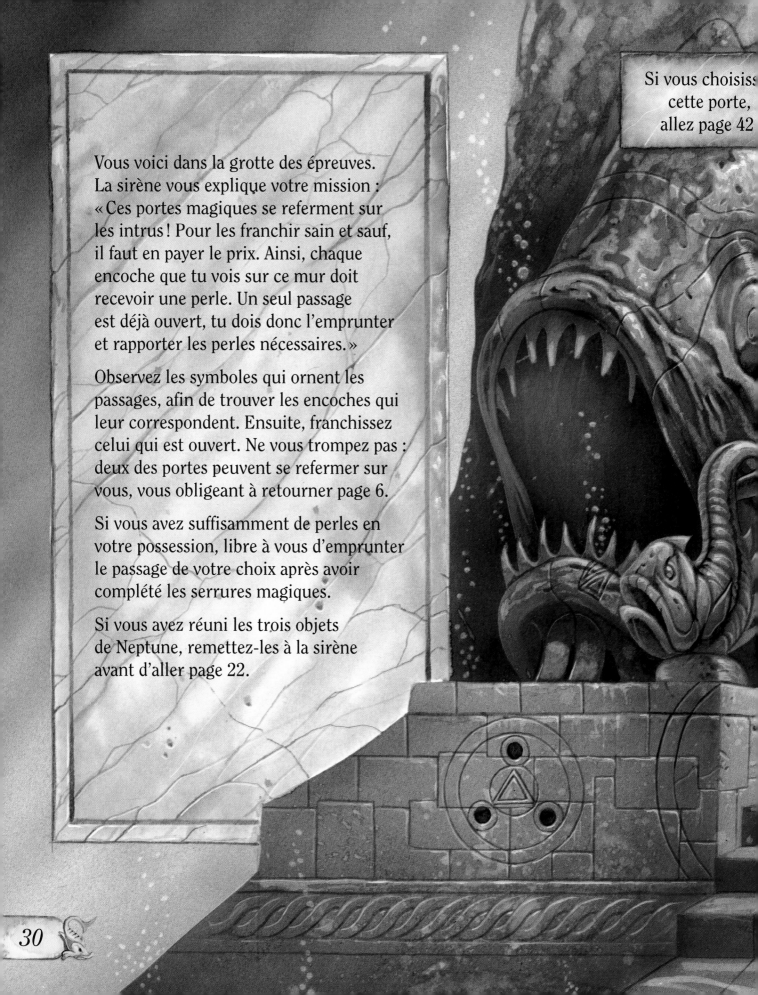

Si vous choisiss[ez]
cette porte,
allez page 42

Vous voici dans la grotte des épreuves. La sirène vous explique votre mission : « Ces portes magiques se referment sur les intrus ! Pour les franchir sain et sauf, il faut en payer le prix. Ainsi, chaque encoche que tu vois sur ce mur doit recevoir une perle. Un seul passage est déjà ouvert, tu dois donc l'emprunter et rapporter les perles nécessaires. »

Observez les symboles qui ornent les passages, afin de trouver les encoches qui leur correspondent. Ensuite, franchissez celui qui est ouvert. Ne vous trompez pas : deux des portes peuvent se refermer sur vous, vous obligeant à retourner page 6.

Si vous avez suffisamment de perles en votre possession, libre à vous d'emprunter le passage de votre choix après avoir complété les serrures magiques.

Si vous avez réuni les trois objets de Neptune, remettez-les à la sirène avant d'aller page 22.

De monstrueux tentacules
jaillissent de nulle part
et vous saisissent !
Les tentacules se resserrent.
Vous voilà pris au piège.

Avez-vous en votre possession
le médaillon de la légende ?

Vous n'avez pas le médaillon :
trouvez une arme et frappez
le calamar géant.
Le monstre vous relâchera
et vous pourrez alors aller
page 40.

Si vous avez le médaillon,
lancez-le vite au monstre !
Allez page 44.

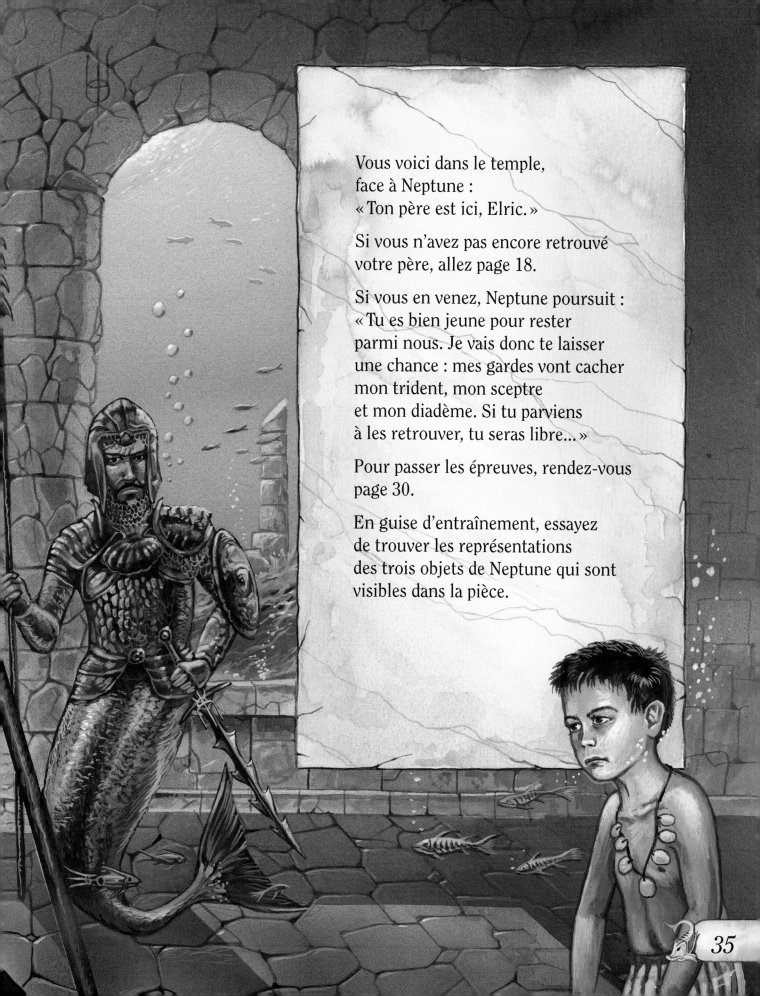

Vous voici dans le temple,
face à Neptune :
« Ton père est ici, Elric. »

Si vous n'avez pas encore retrouvé
votre père, allez page 18.

Si vous en venez, Neptune poursuit :
« Tu es bien jeune pour rester
parmi nous. Je vais donc te laisser
une chance : mes gardes vont cacher
mon trident, mon sceptre
et mon diadème. Si tu parviens
à les retrouver, tu seras libre…»

Pour passer les épreuves, rendez-vous
page 30.

En guise d'entraînement, essayez
de trouver les représentations
des trois objets de Neptune qui sont
visibles dans la pièce.

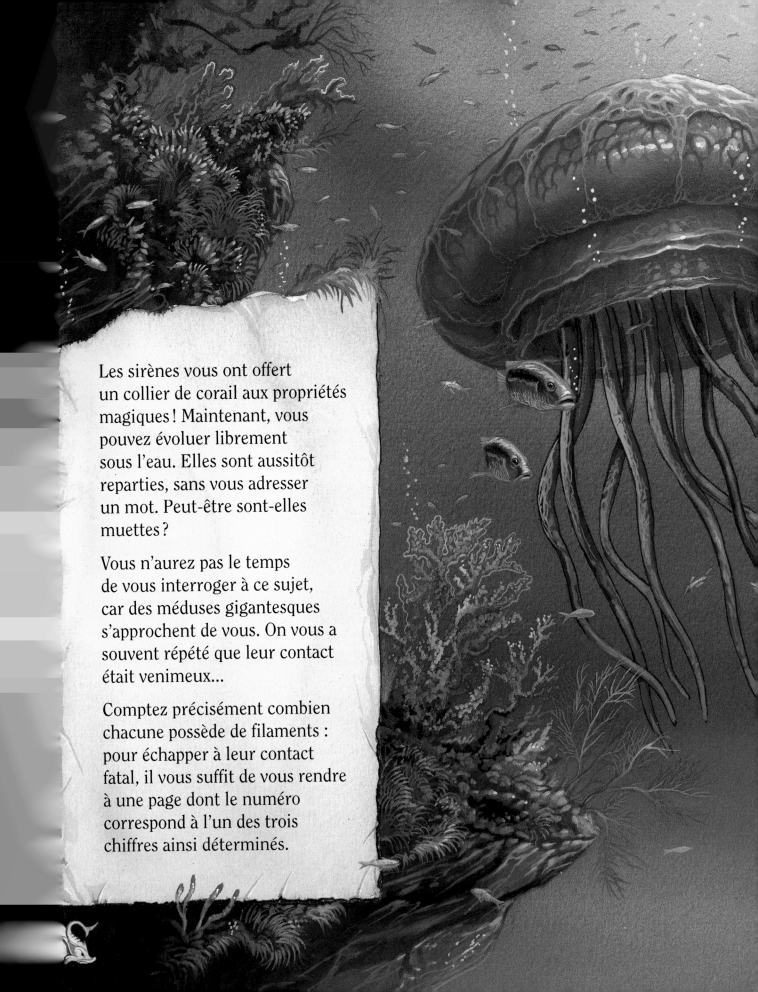

Les sirènes vous ont offert
un collier de corail aux propriétés
magiques ! Maintenant, vous
pouvez évoluer librement
sous l'eau. Elles sont aussitôt
reparties, sans vous adresser
un mot. Peut-être sont-elles
muettes ?

Vous n'aurez pas le temps
de vous interroger à ce sujet,
car des méduses gigantesques
s'approchent de vous. On vous a
souvent répété que leur contact
était venimeux...

Comptez précisément combien
chacune possède de filaments :
pour échapper à leur contact
fatal, il vous suffit de vous rendre
à une page dont le numéro
correspond à l'un des trois
chiffres ainsi déterminés.

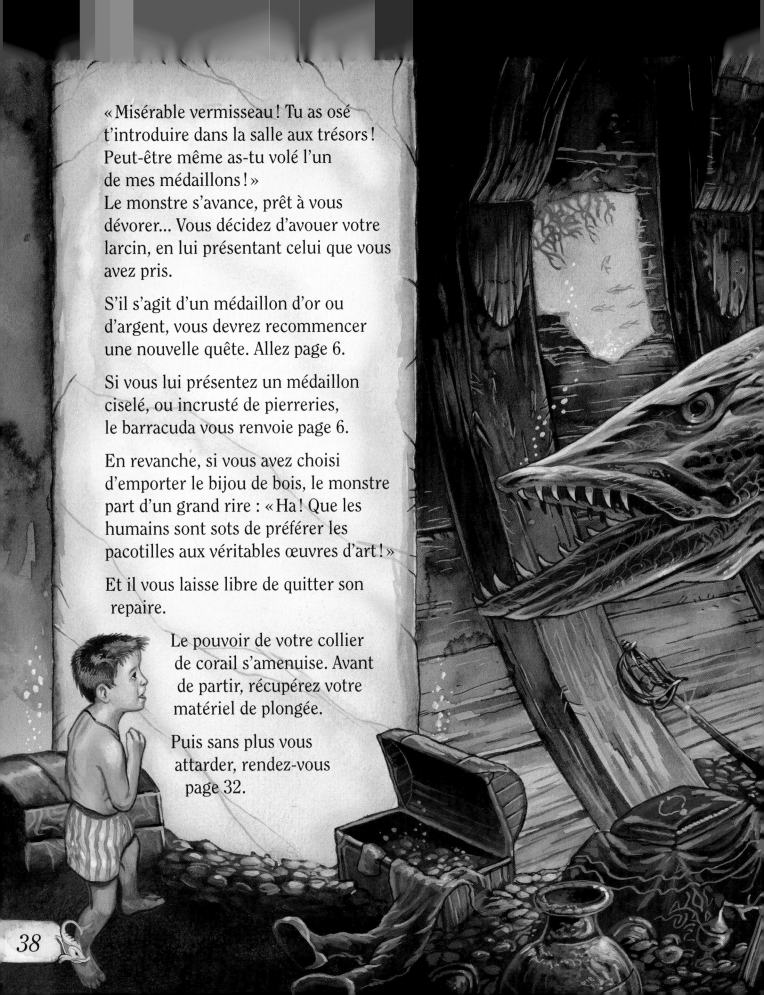

« Misérable vermisseau ! Tu as osé t'introduire dans la salle aux trésors ! Peut-être même as-tu volé l'un de mes médaillons ! »

Le monstre s'avance, prêt à vous dévorer... Vous décidez d'avouer votre larcin, en lui présentant celui que vous avez pris.

S'il s'agit d'un médaillon d'or ou d'argent, vous devrez recommencer une nouvelle quête. Allez page 6.

Si vous lui présentez un médaillon ciselé, ou incrusté de pierreries, le barracuda vous renvoie page 6.

En revanche, si vous avez choisi d'emporter le bijou de bois, le monstre part d'un grand rire : « Ha ! Que les humains sont sots de préférer les pacotilles aux véritables œuvres d'art ! »

Et il vous laisse libre de quitter son repaire.

Le pouvoir de votre collier de corail s'amenuise. Avant de partir, récupérez votre matériel de plongée.

Puis sans plus vous attarder, rendez-vous page 32.

Les tentacules vous ont arraché
masque et bouteilles, puis rejeté
vers les profondeurs.
Vous allez bientôt manquer d'air !
Du fond de la mer, plusieurs
créatures nagent vers vous.

Les laissez-vous approcher ?
Allez page 36.

Préférez-vous atteindre
au plus vite le récif dans l'espoir
de vous y cacher ?
Allez page 20.

Quoi qu'il en soit, vous avez
troublé la tranquillité des occupants
du récif. Les avez-vous tous repérés ?
Ils sont dix.

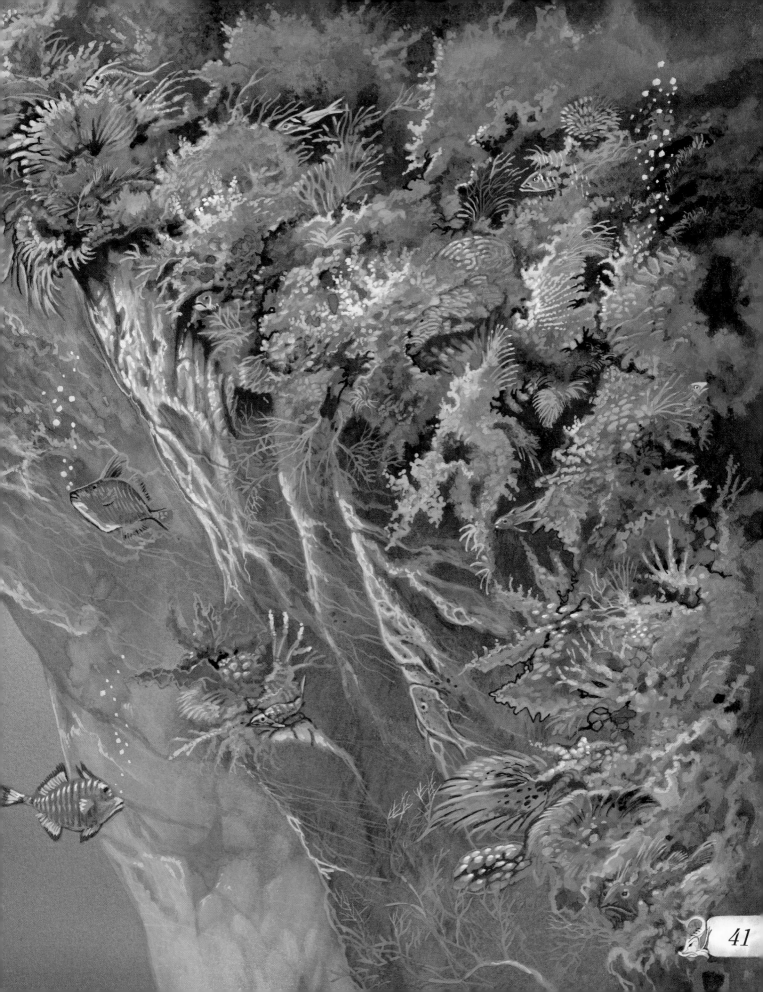

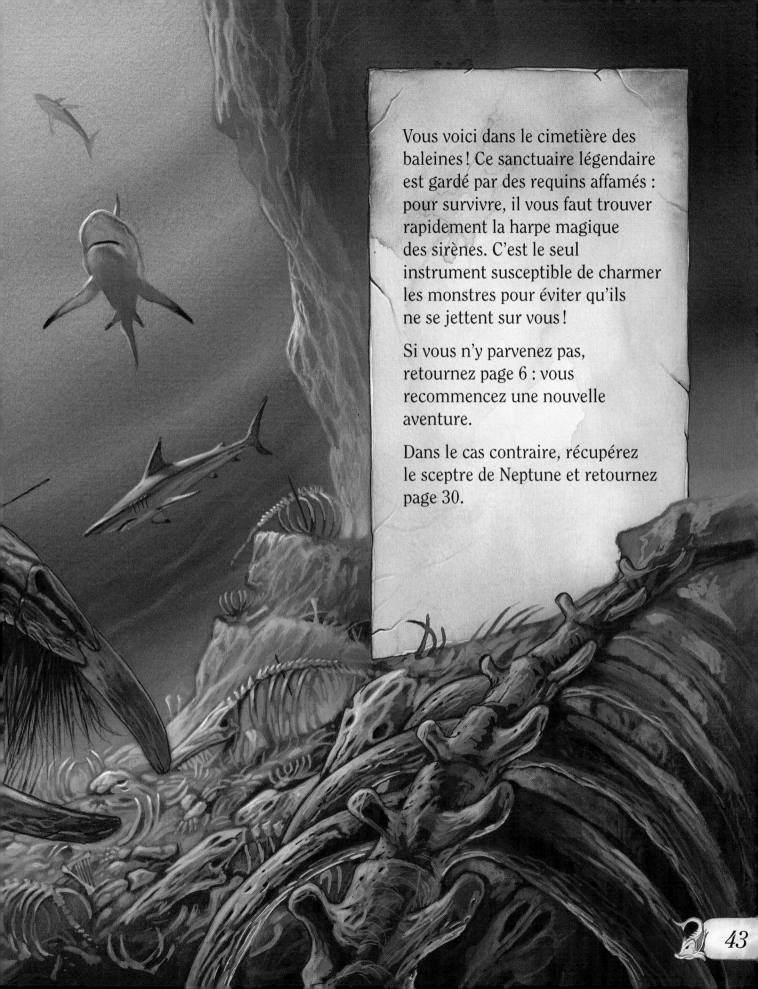

Vous voici dans le cimetière des baleines ! Ce sanctuaire légendaire est gardé par des requins affamés : pour survivre, il vous faut trouver rapidement la harpe magique des sirènes. C'est le seul instrument susceptible de charmer les monstres pour éviter qu'ils ne se jettent sur vous !

Si vous n'y parvenez pas, retournez page 6 : vous recommencez une nouvelle aventure.

Dans le cas contraire, récupérez le sceptre de Neptune et retournez page 30.

Victoire, vous êtes venu à bout des monstres
des profondeurs et vous voici de retour à l'air libre !

Appuyé au bastingage du navire, vous songez
à votre père qui vit quelque part dans les profondeurs
de la mer, en compagnie de ses amis Atlantes.

Si vous observez bien, vous apercevrez vos nouveaux amis
qui vous adressent un dernier au revoir !